AF312570

4 MAGNIFIQUES TAPISSERIES

DES GOBELINS

DU XVIIIe SIÈCLE

COMPOSITIONS DE CLAUDE AUDRAN

2 TRÈS BEAUX VASES LOUIS XV

En porcelaine de Chine et bronze doré

CATALOGUE

DE

4 MAGNIFIQUES TAPISSERIES

DES GOBELINS

DU XVIIIe SIÈCLE

De la Tenture dite des Dieux

COMPOSITIONS DE CLAUDE AUDRAN

2 TRÈS BEAUX VASES

DU TEMPS DE LOUIS XV

EN PORCELAINE DE CHINE

Avec montures en bronze doré

DONT LA VENTE AURA LIEU

PAR SUITE DU DÉCÈS DE M. LE MARQUIS DE G. *Gontaut-Biron*

HOTEL DROUOT, SALLE N 6

Le Jeudi 26 Mai 1898, à 4 heures

COMMISSAIRES-PRISEURS

M. JULES RAVET

6, rue Baudin, 6

M. LÉON ANDRÉ

5, rue de la Bruyère, 5

EXPERTS

MM. MANNHEIM

7, rue Saint-Georges, 7

M. B. LASQUIN

12, rue Laffitte, 12

Chez lesquels se trouve le Catalogue

EXPOSITIONS

PARTICULIÈRE : *Le Mercredi 25 Mai 1898, de 1 h. 1/2 à 5 h.*

PUBLIQUE : *Le Jeudi 26 Mai 1898, jour de la vente, de 1 h. 1/2 à 4 h.*

CONDITIONS DE LA VENTE

La vente sera faite au comptant.

Les acquéreurs payeront *cinq pour cent* en sus des adjudications.

Paris. — Imprimerie de l'Art, E. Moreau et Cie, 41, rue de la Victoire.

Désignation

TAPISSERIES

Suite de **Quatre superbes tapisseries des Gobelins.** de la tenture dite des Dieux, composée par Claude Audran. d'un admirable coloris et d'une très belle conservation.

Les trois premières, chacune, à fonds et contrefonds rose, rouge écarlate, vert et bleu clair, portent la marque L. F. Jean Le Febvre, fils, chef d'atelier aux Gobelins. 1699-1736). La quatrième est à fond jaune et contrefond rose. Sur la bordure le nom de Le Febvre en toutes lettres.

Elles sont entourées de bordures simulant des cadres dorés. à rosaces, dans des enroulements. avec écoinçons de feuillages.

1° *Cérès*

Au milieu d'un motif décoratif, d'une extrême élégance, en forme de portique, orné de guirlandes de fleurs appendues à la partie supérieure, de vases, de draperies, de signes du zodiaque et de différents attributs relatifs à la déesse sur les côtés, Cérès, soulevée par un nuage, porte une gerbe de blé : à sa droite, un enfant tient une faucille.

Au-dessous, à la base du portique, un groupe d'attributs champêtres est placé au centre. Deux enfants complètent l'ornementation : l'un, à droite, porte une gourde à ses lèvres, devant un chien assis, tandis que l'autre secoue une vannette près d'une mesure à grains. Ces figures reposent sur un soubassement à ressauts avec rinceaux à ses extrémités.

Haut., 2 m. 40 cent.; larg., 2 m. 15 cent.

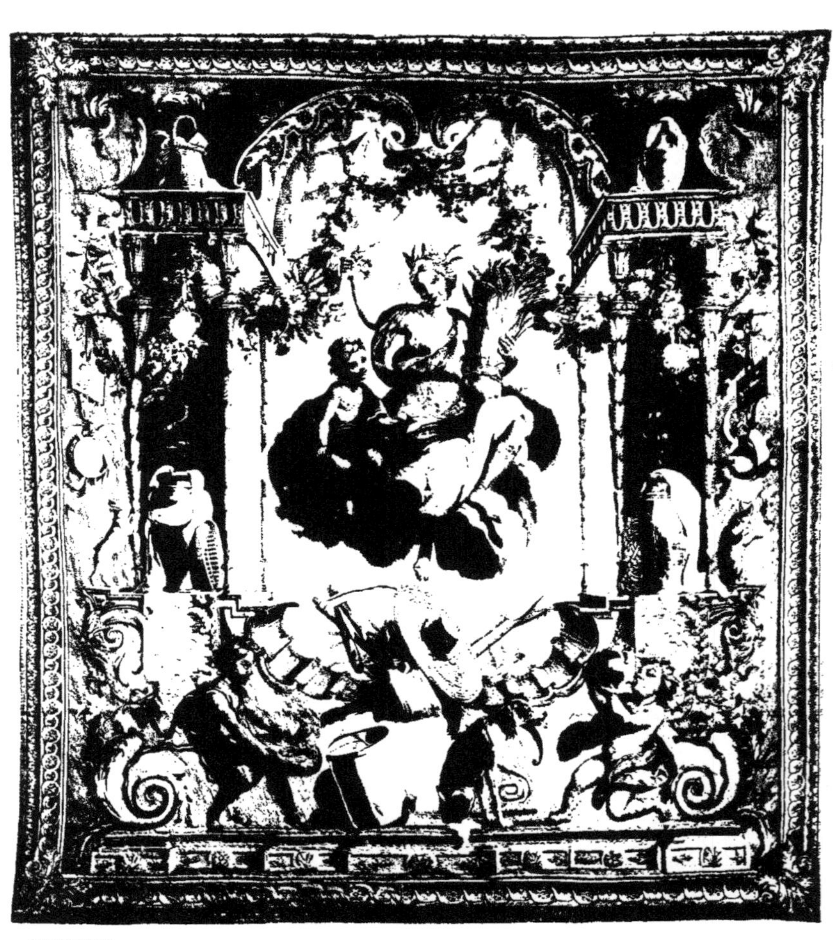

Phototypie Berthaud, Paris

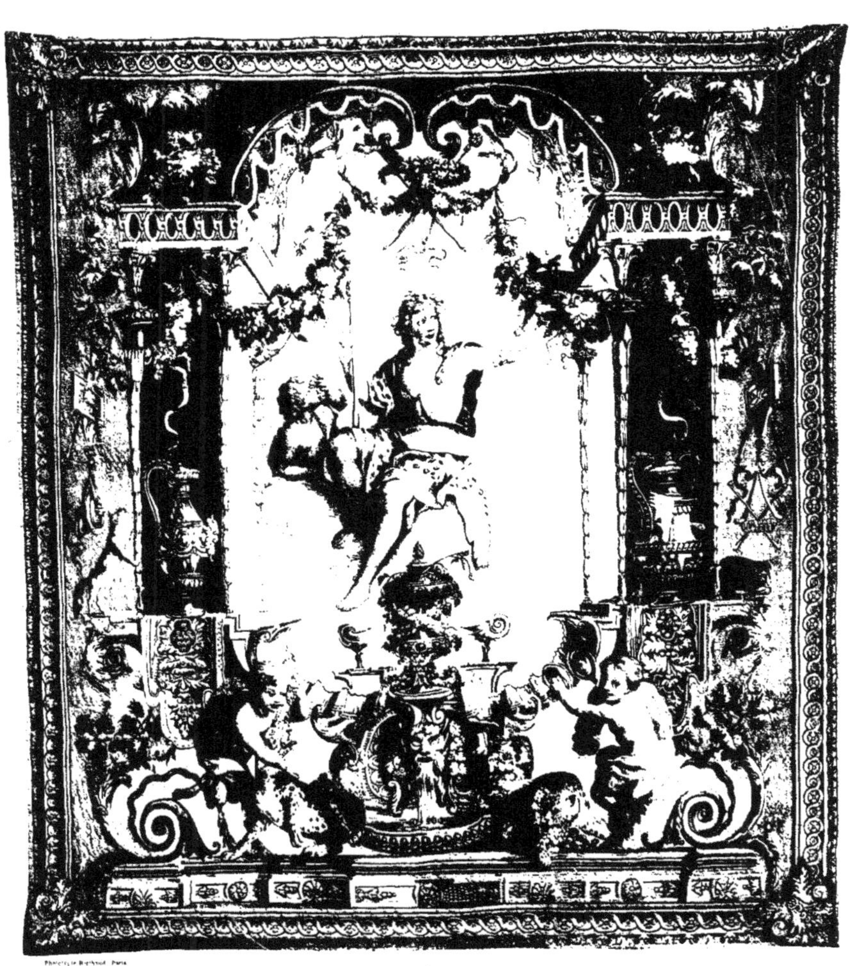
Phototypie Berthaud, Paris

2° *Bacchus*

Dans un motif décoratif analogue au précédent, orné d'amphores et des attributs de Bacchus. le Dieu. revêtu d'une peau de panthère. tient un thyrse de la main droite, et, de l'autre. une coupe à demi-pleine de vin: auprès de lui. à sa droite, un jeune faune mord dans une grappe de raisin.

Au bas, un vase garni de pampres est placé au-dessus d'un mascaron: à gauche. un enfant presse le jus du raisin dans la gueule d'une panthère: à droite, un autre enfant joue des cymbales, tandis qu'à ses pieds, une autre panthère se grise de raisin.

Haut., 2 m. 45 cent.: larg., 2 m. 15 cent.

3° *Junon*

La déesse, enveloppée d'une draperie flottante, est assise sur un nuage, le bras gauche accoudé et tenant un sceptre. A sa gauche, un aquilon voltigeant souffle avec violence.

Le motif décoratif, semblable aux précédents, comporte en outre des attributs de Junon : sur les côtés, deux paons perchés sur des amphores et, dans le haut, deux cornemuses. Au bas, des instruments de musique, un vase, deux cornes d'où s'échappent de riches bijoux et deux figures d'enfants musiciens.

Haut., 2 m. 40 cent.; larg., 2 m. 15 cent.

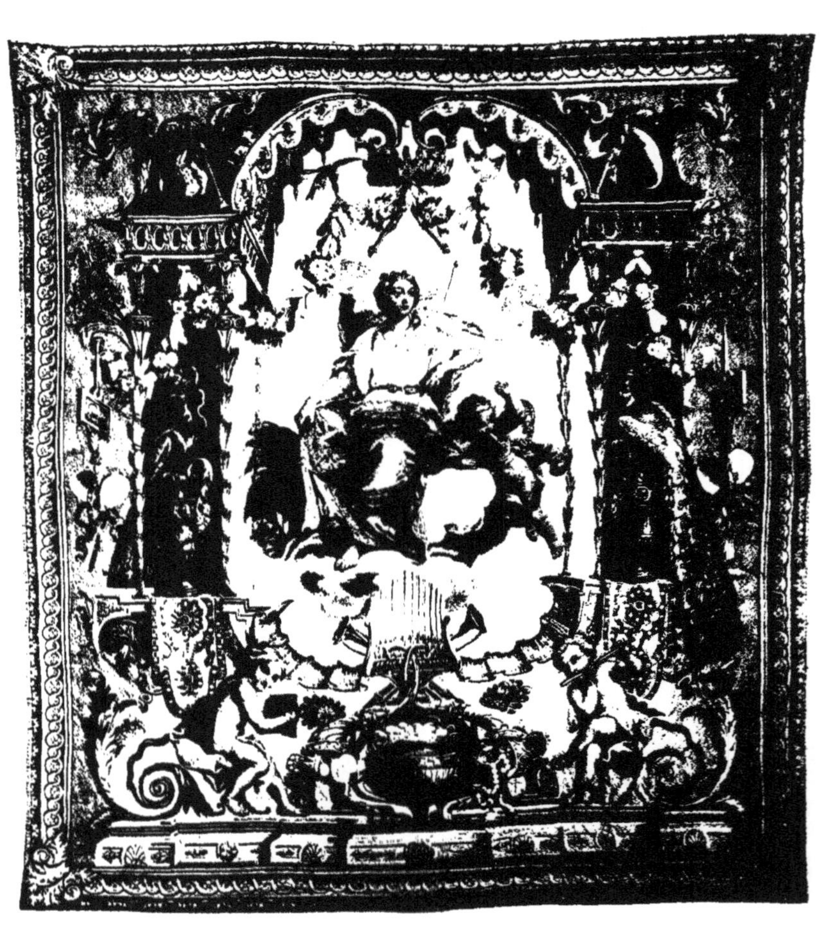

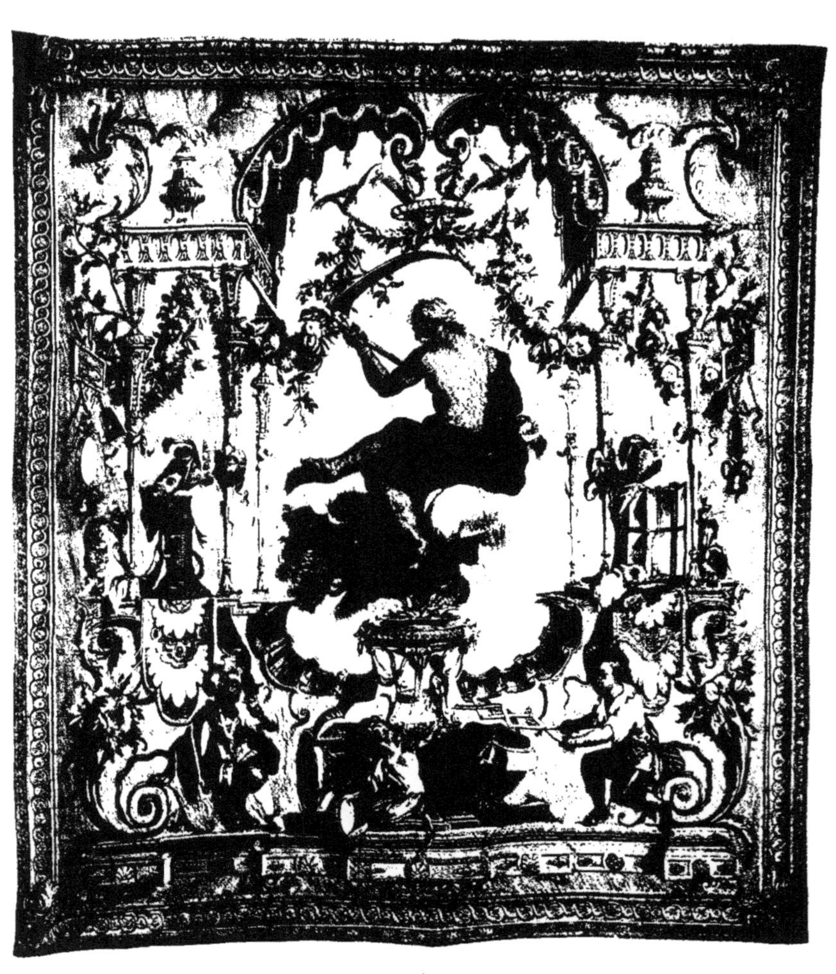

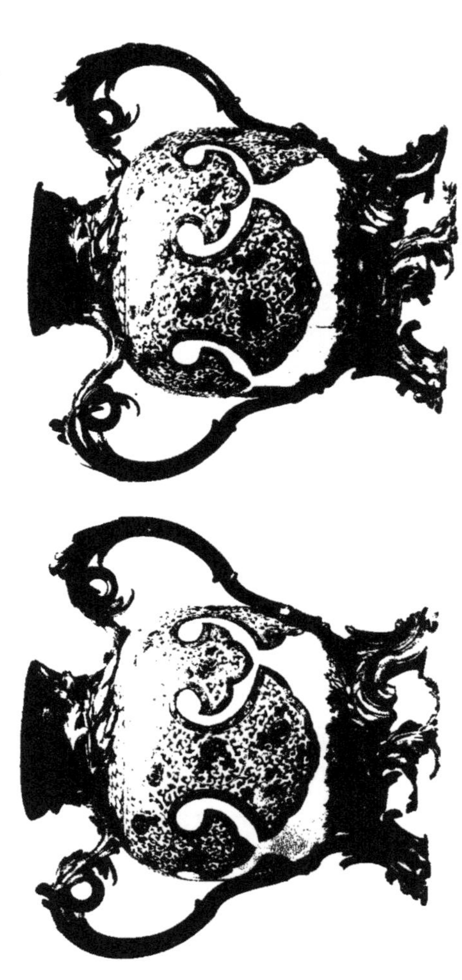

4° *Saturne ou le Temps*

Le Dieu, drapé de rouge, est de profil, assis sur un nuage et tenant une faux ; au-dessous et à demi-caché par des nuages, un enfant accroupi.

Les côtés du portique sont ornés d'un sablier, de masques et de casques, ainsi que d'un chien à droite et d'un chat à gauche ; sur le haut, deux brûle-parfums.

Au bas, un brasero allumé sous lequel un singe est assis.

A gauche, un enfant portant un masque à son visage ; à droite, un autre enfant tenant un jouet.

Cette tapisserie est à fond jaune, avec contrefond rose.

Haut., 2 m. 40 cent.; larg., 2 m. 10 cent

VASES MONTÉS

Paire de Vases de forme sphérique, en ancienne porcelaine de Chine, décorés en émaux de la famille verte, d'un large lambrequin, couvrant toute leur surface et présentant des chrysanthèmes de nuances variées sur un champ d'arabesques en émail vert, avec bande clathrée en vert et rouge à la partie supérieure.

Ils sont garnis de très riches montures, de l'époque Louis XV, en bronze ciselé et doré, composées de rocailles et de feuillages, à deux anses, reliant la base à l'orifice, avec gorge en cuivre doré, entourée par des feuilles de rosier et de laurier.

Hauteur totale, 42 cent.; larg., 46 cent.

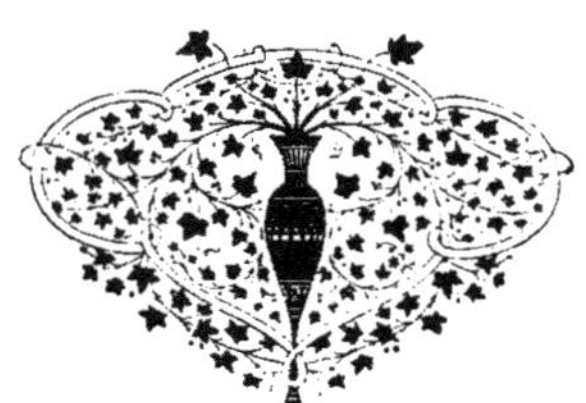